MÉTHODE

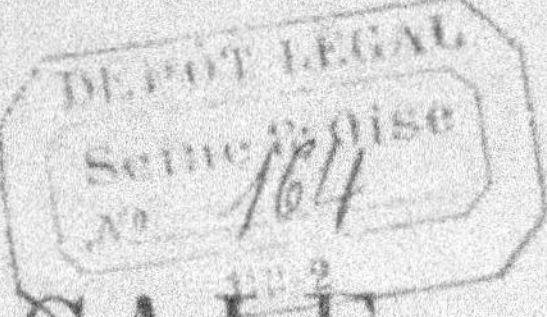

DE

MUSIQUE VOCALE

PRATIQUE, THÉORIQUE ET PÉDAGOGIQUE

SUIVIE DE

L'ART DE CHANTER EN CHŒUR

A L'USAGE

DES ÉTABLISSEMENTS D'ENSEIGNEMENT PRIMAIRE ET SECONDAIRE
ET DES CANDIDATS AUX BREVETS DE CAPACITÉ

PAR

HENRY HAECK
PROFESSEUR AUX ÉCOLES DE LA VILLE DE PARIS

COURS ÉLÉMENTAIRE

Inscrit sur la liste des livres fournis gratuitement par la ville de Paris
à ses écoles communales

TROISIÈME ÉDITION

PARIS
LIBRAIRIE CLASSIQUE EUGÈNE BELIN
BELIN FRÈRES
RUE DE VAUGIRARD, 52

1892

SAINT-CLOUD. — IMPRIMERIE BELIN FRÈRES.

PRÉFACE

En raison de l'importance, toujours croissante, que prend l'étude de la musique dans les écoles, il nous a paru nécessaire de publier un ouvrage essentiellement pédagogique de l'enseignement de cet art, pouvant servir, non seulement aux professeurs spéciaux, mais encore aux instituteurs et aux institutrices.

L'art de chanter en chœur y est traité tout spécialement à l'aide de certaines combinaisons harmoniques.

L'ouvrage complet est divisé en trois volumes. Chacun d'eux est composé d'un certain nombre de leçons formant une suite progressive et méthodique.

Chaque leçon peut être, selon le besoin, l'objet de plusieurs séances.

L'expérience que nous avons acquise dans l'enseignement du chant, comme professeur dans les écoles communales de la ville de Paris, nous laisse espérer que cet ouvrage sera favorablement accueilli par les maîtres soucieux des progrès rapides de leurs élèves.

Henry HAECK.

TABLE DES MATIÈRES

contenues dans ce premier volume

PETITS CHANTS

MÉTHODE
DE
MUSIQUE VOCALE

Signes principaux employés pour la Notation musicale.

NOMS DES NOTES:

Ut ou **Do, Ré, Mi, Fa, Sol, La, Si.**

PORTÉE AVEC LIGNES SUPPLÉMENTAIRES:

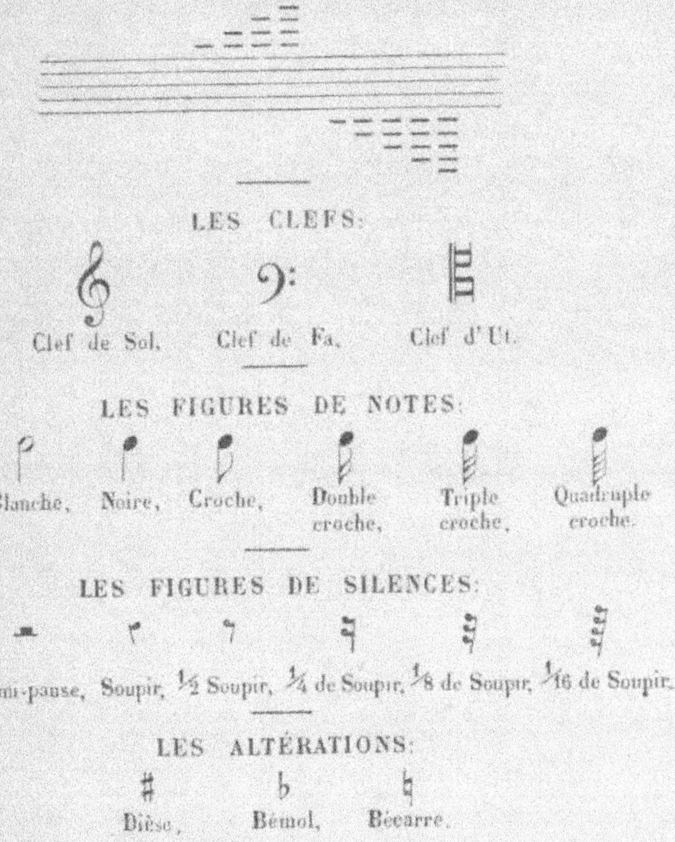

NOTA: Le Maître fera dessiner au tableau noir ou sur le cahier, par les élèves, les différentes figures ci-dessus._La nécessité de bien copier ces signes devient indispensable pour les dictées musicales écrites.

1re Leçon.

Pour apprendre à connaître la position des Notes.

Les sept **Notes, Ut** ou **Do, Ré, Mi, Fa, Sol, La** et **Si,** servent à désigner tous les **Sons** et se placent sur la **Portée,** soit sur les **Lignes,** soit entre les lignes, c'est-à-dire dans les **Interlignes.**

PORTÉE (sa composition).

5 *Lignes* parallèles et horizontales et 4 *Interlignes.*

5e Ligne.
4e Interligne.
4e Ligne.
3e Interligne.
3e Ligne.
2e Interligne.
2e Ligne.
1re Interligne.
1re Ligne.

Les **Notes** se placent également au-dessus et au-dessous de la **Portée** à l'aide de **Petites Lignes supplémentaires.**

Lignes supplémentaires du Haut.

Lignes supplémentaires du Bas.

Position des Notes en Clef de Sol seconde Ligne(1)

(La Clef détermine la position des Notes.)

(1) Dans le cours élémentaire et le cours moyen de cet ouvrage, nous ne nous servirons exclusivement que de la clef de Sol placée sur la 2e ligne.

Sur les Lignes.

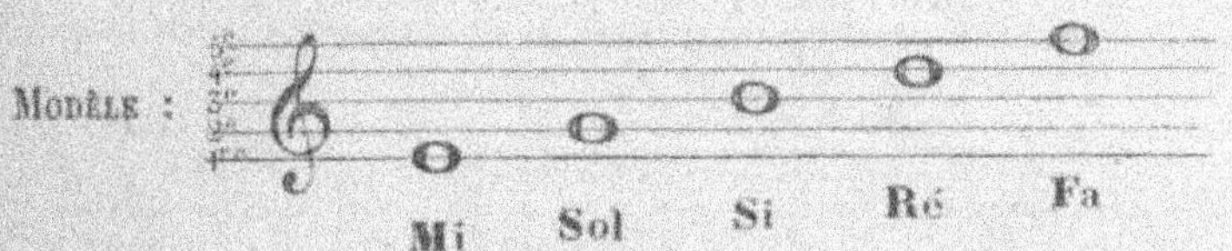

Désigner le nom des notes suivantes: *Sur les lignes*

EXERCICE.

Dans les Interlignes.

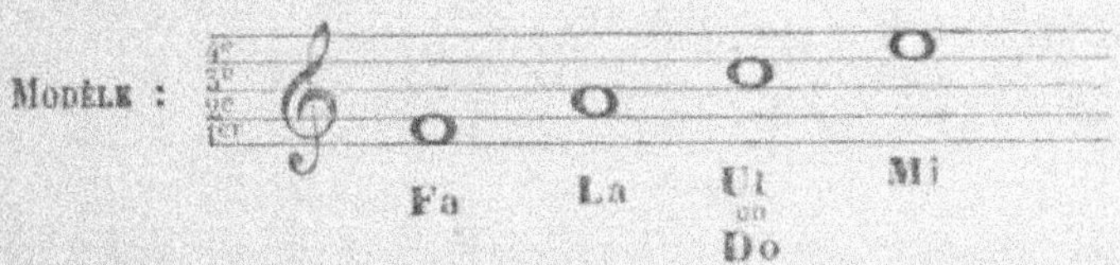

Désigner le nom des notes suivantes: *Dans les interlignes*

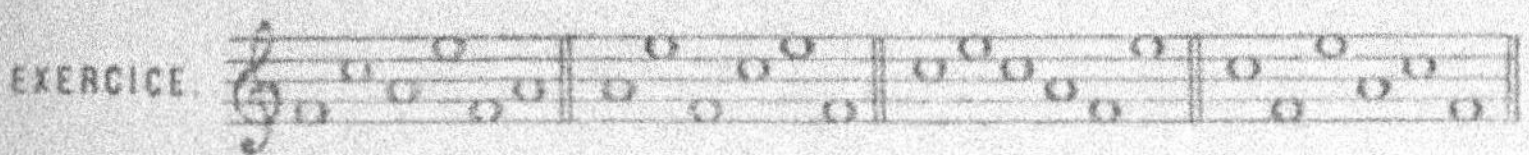

Au-dessus et au-dessous de la Portée.

Désigner le nom des notes suivantes: *Au-dessus et au-dessous de la Portée.*

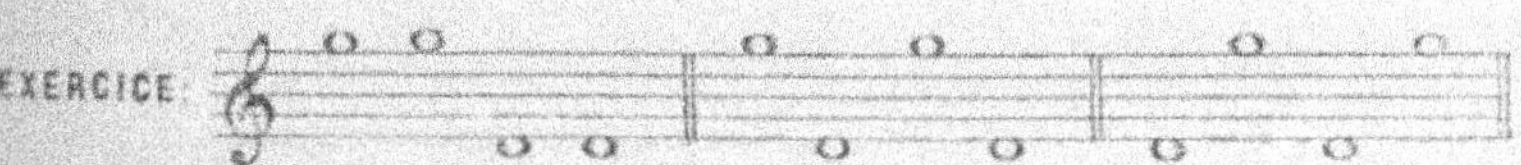

Avec les Petites Lignes supplémentaires.

(Le nombre de ces lignes supplémentaires à employer n'est pas limité)

Désigner le nom des notes suivantes:

Avec les petites lignes supplémentaires au-dessus et au-dessous de la Portée.

Résumé des exemples et exercices précédents.

Désigner le nom des notes suivantes.

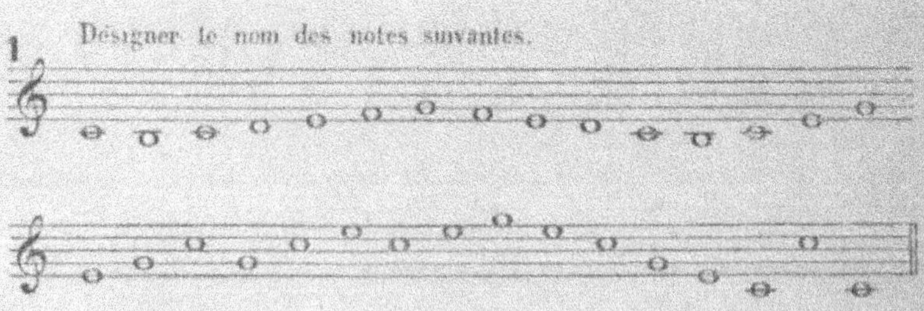

(1) Selon l'âge et l'aptitude des élèves le maître verra l'étendue qu'il devra donner à l'étude de la connaissance des notes.

2
Rarement employées
dans la musique vocale.
3
4
5
6

Gamme d'Ut ou de Do Majeur.

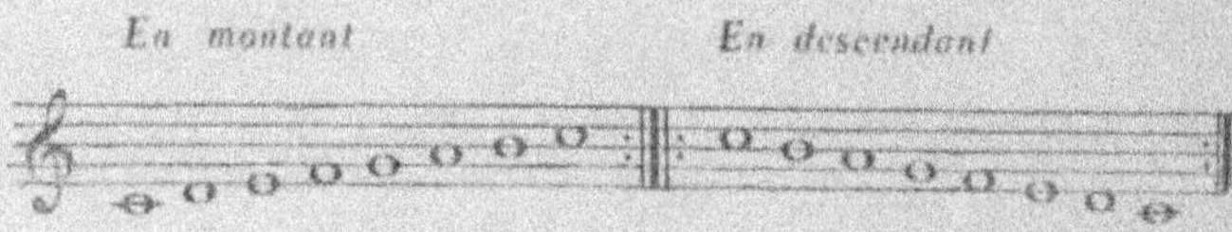

Accord parfait d'Ut ou Do Majeur.

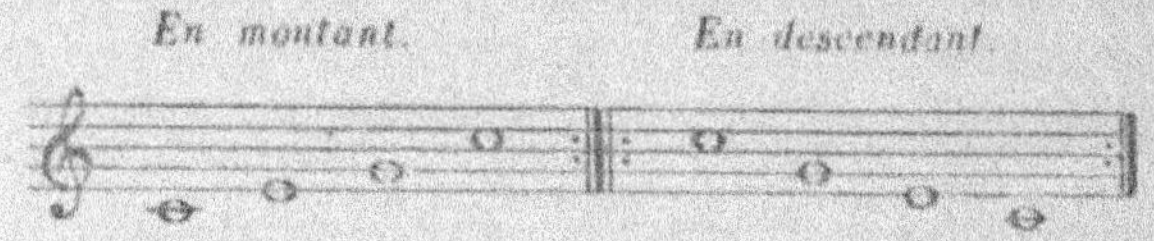

OBSERVATION. En terminant cette 1re Leçon le Maître s'assurera par des interrogations individuelles, si tous les élèves, sans exception, connaissent leurs notes et insistera sur la lecture courante de celles-ci avant de faire chanter aucun exercice.

Nous engageons vivement, pour le goût et l'encouragement à l'étude de la musique, de faire apprendre par audition, dès la 1re leçon les petits chants placés à la fin de ce volume.

2e Leçon.

Exercices d'intonation[1] sur les intervalles.

On appelle **Intervalle** la distance séparant deux **Sons**.

L'**Intervalle** tire son nom du nombre de degrés (ou **Notes**) qui le forment et sa qualification du nombre de **Tons** et **demi-Tons** qui le composent.

Intervalles de Secondes majeures et mineures.

La **Seconde Majeure** est formée par deux degrés (ou **Notes**) et se compose d'**un Ton**.

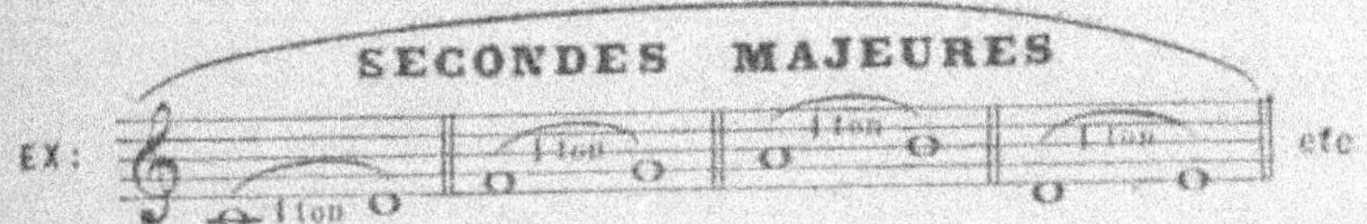

La **Seconde Mineure** est formée par deux degrés (ou **Notes**) et se compose d'**un demi-Ton diatonique**[2].

OBSERVATION. Dans les exercices suivants le Maître veillera à la parfaite justesse des INTONATIONS.

Nous recommandons de prendre dans ces études un mouvement assez vif afin de ne point fatiguer l'attention des élèves, surtout chez les enfants.

Avant de commencer ces exercices le Maître fera entendre, d'abord, et répéter ensuite par les élèves, la Gamme et l'accord parfait d'UT MAJEUR.

---

(1) L'intonation est le degré de hauteur qui convient à chaque son.

(2) Le demi-ton diatonique est celui qui a lieu entre deux notes de noms différents.

Exercices d'Intonation
sur les secondes mineures et majeures.

(Le Maître chantera seul, la 1re Note, les élèves reprendront à un signe et enchaîneront tous les fragments en respirant après la dernière note de chacun d'eux.)

NOTA. Le Maître pourra, s'il le juge nécessaire, multiplier les exercices d'Intonation en se servant de la main gauche comme d'une Portée et en indiquant avec la main droite les Notes qu'il désire faire chanter.

EXPLICATION PAR LE MAITRE

de la Théorie des Figures de Notes et de Silences, de la mesure, et sur la manière d'indiquer et de battre la mesure à deux temps.

Exercices mesurés et Leçons sur les Intervalles de secondes mineures et majeures.

(Avant de commencer chaque exercice mesuré, ou chaque leçon, le Maître en exigera la lecture rythmique en battant correctement la Mesure.)

Observation: A la fin de chaque leçon, le Maître demandera à quelques élèves de vouloir bien chanter alternativement les derniers numéros.

(Dictée orale, non mesurée, relative à la Leçon.)

3e Leçon

Intervalles de tierces majeures et mineures.

La **Tierce Majeure** est formée par trois degrés (ou **Notes**) et se compose de **deux tons.**

La **Tierce Mineure** est formée par trois degrés (ou **Notes**) et se compose d'**un ton** et **un demi-ton diatonique.**

Exercices d'Intonation sur les tierces majeures et mineures.

Exercices mesurés et Leçons sur les Intervalles de tierces majeures et mineures.

(Lecture rythmique avant le chant.)

(Dictée orale, non mesurée, relative à la leçon.)

4e Leçon.

Intervalles de Quartes justes et augmentées.

La **Quarte juste** est formée par quatre degrés (ou **Notes**) et se compose de **deux tons** et **un demi-ton diatonique.**

La **quarte augmentée** (s'appelle aussi **Triton**) est formée par quatre degrés (ou **Notes**) et se compose de **trois tons**

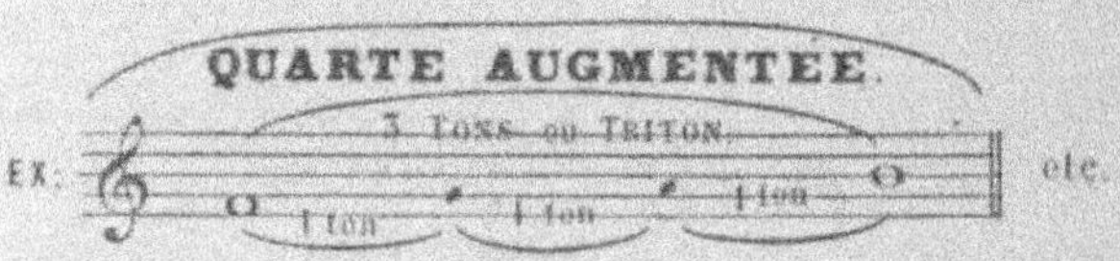

Exercices d'Intonation sur les Quartes justes et augmentées.

Exercices mesurés et Leçons sur les Intervalles de quartes justes et augmentées.

(Lecture rythmique avant le chant.)

(Dictée orale, non mesurée, relative à la leçon.)

---

(1) La pause représente toujours le silence d'une mesure entière.

5e Leçon.

Intervalles de Quintes justes et diminuées.

La **Quinte juste** est formée par cinq degrés (ou **Notes**) et se compose de **trois tons** et **un demi-ton diatonique**.

La **Quinte diminuée** est formée par cinq degrés (ou **Notes**) et se compose de **deux tons** et **deux demi-tons diatoniques**.

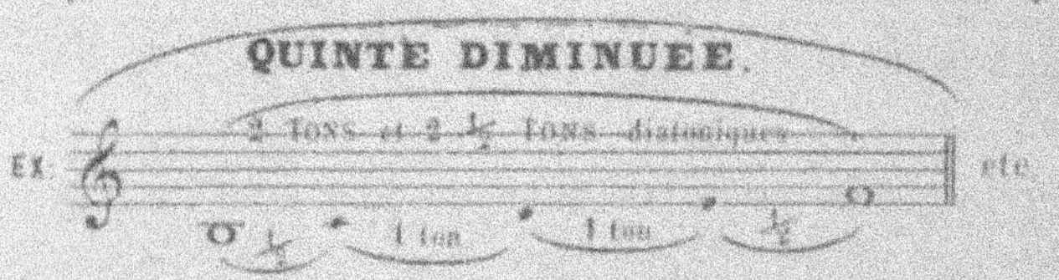

Exercices d'Intonation sur les Quintes justes et diminuées.

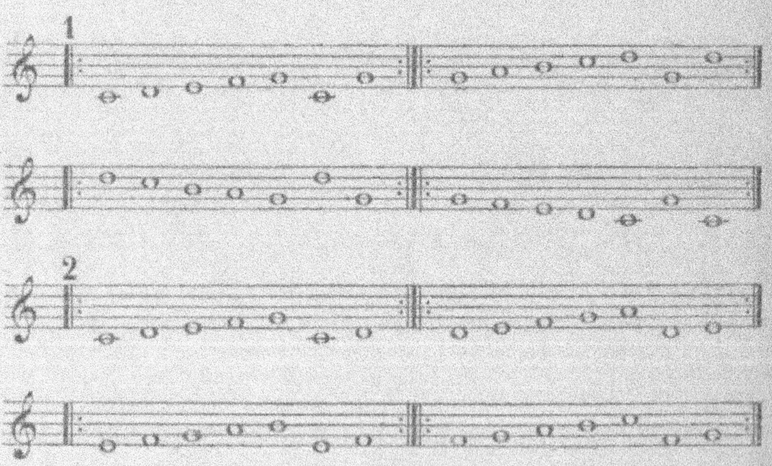

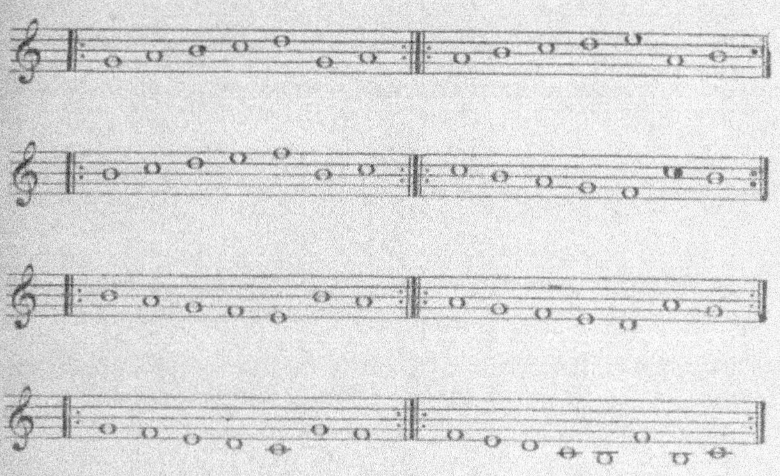

Exercices mesurés et Leçons sur les Intervalles de Quintes diminuées et justes.

(Lecture rythmique avant le chant.)

(Dictée orale, non mesurée, relative à la leçon.)

(1) La pause représente toujours le silence d'une mesure entière.

6e Leçon.

Solfèges résumant l'étude des Intervalles précédents.

(Lecture rythmique avant le chant.)

EXPLICATION PAR LE MAITRE

sur la manière d'indiquer et de battre la mesure à trois temps.

(1) Le point placé après une note prolonge celle-ci de la moitié de sa durée primitive. Une BLANCHE POINTÉE vaut donc trois noires.

(2) Une petite ligne courbe placée au-dessus ou au-dessous des notes de même nom indique leur LIAISON. Les notes liées ne se répètent pas.

(3) Un son articulé au temps faible et prolongé au temps fort prend le nom de SYNCOPE. La note formant la syncope doit être plus fortement articulée que les autres notes. Cette accentuation s'indique généralement par le signe > placé au-dessus ou au-dessous des notes.

EXPLICATION PAR LE MAITRE

sur la manière d'indiquer et de battre la mesure à quatre temps.

(1) La REPRISE est la partie d'un morceau de musique que l'on doit répéter deux fois. Elle s'indique par deux points placés auprès de la double barre. La partie à répéter est celle qui se trouve du côté des points.

7e Leçon.

Intervalles de Sixtes majeures et mineures.

La **Sixte majeure** est formée par six degrés (ou **Notes**) et se compose de **quatre tons et un demi-ton diatonique**.

La **Sixte mineure** est formée par six degrés (ou **Notes**) et se compose de **trois tons et deux demi-tons diatoniques**.

Exercices d'Intonation sur les Sixtes majeures et mineures.

Exercices mesurés et Leçons sur les Intervalles de Sixtes majeures et mineures.

(Lecture rythmique avant le chant.)

(Dictée orale, non mesurée, relative à la leçon.)

8e. Leçon.

Intervalles de Septièmes majeures et mineures.

La **Septième majeure** est formée par sept degrés (ou **Notes**) et se compose de **cinq tons** et **un demi-ton diatonique**.

La **Septième mineure** est formée par sept degrés (ou **Notes**) et se compose de **quatre tons** et **deux demi-tons diatoniques**.

Exercices d'Intonation sur les Septièmes majeures et mineures.

Exercices mesurés et Leçons sur les Intervalles de Septièmes majeures et mineures.

(Lecture rythmique avant le chant.)

(Dictée orale, non mesurée, relative à la leçon.)

9e Leçon.

Intervalle d' Octave juste.

L' **Octave juste** est formée par huit degrés (ou **Notes**) et se compose de **cinq tons** et **deux demi-tons diatoniques.**

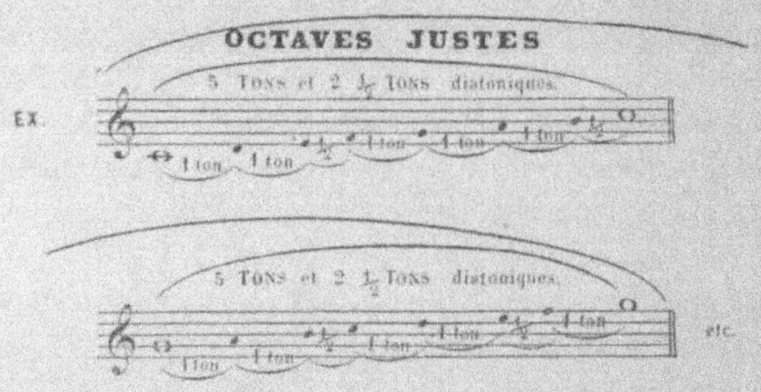

Exercices d' Intonation sur l' Octave juste.

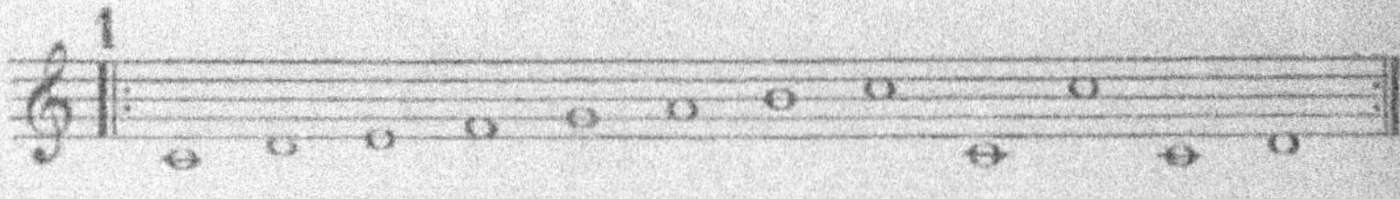

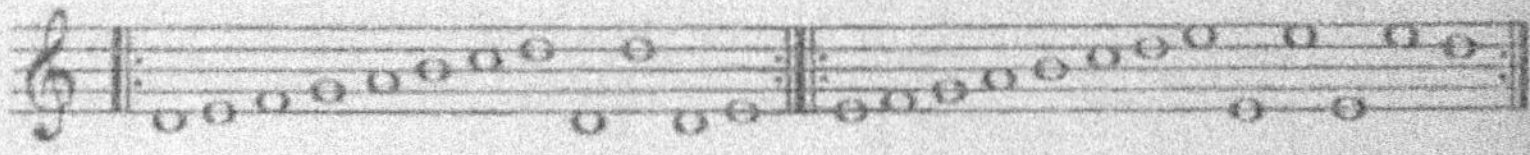

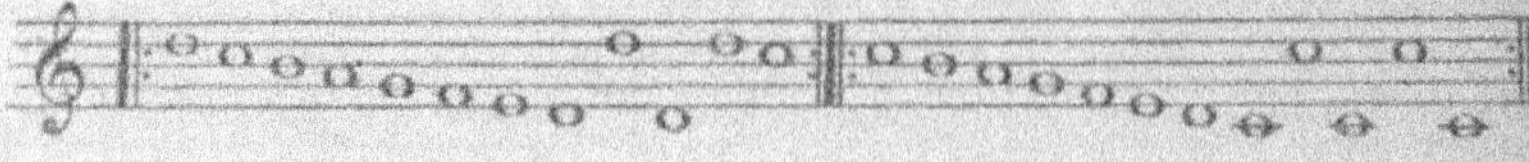

Exercices mesurés et Leçons sur l'intervalle d'Octave juste.

(Lecture rythmique avant le chant.)

(Dictée orale, non mesurée, relative à la leçon.)

---

(1) Signe d'abréviation appelé RENVOI, indique que l'on doit *retourner* au même signe déjà vu pour terminer au mot FIN.

10ᵉ Leçon.

Solfèges résumant l'étude des Intervalles simples et des mesures à deux, trois et quatre temps.

OBSERVATION: Les Intervalles simples sont ceux dont l'étendue ne dépasse pas l'Octave.

(Lecture rythmique avant le chant.)

Nº 5.
Nº 6.
Nº 7.
Nº 8.

(Dorénavant Dictées écrites, mesurées, très faciles et progressives.)

11e Leçon.

Étude du Fa dièse (Fa ♯) et du Si bémol (Si ♭).

Exercices d'Intonation avec le Fa dièse (Fa ♯).

Observation: Le dièse (♯) élève le son de la note d'un demi-ton chromatique.(1)

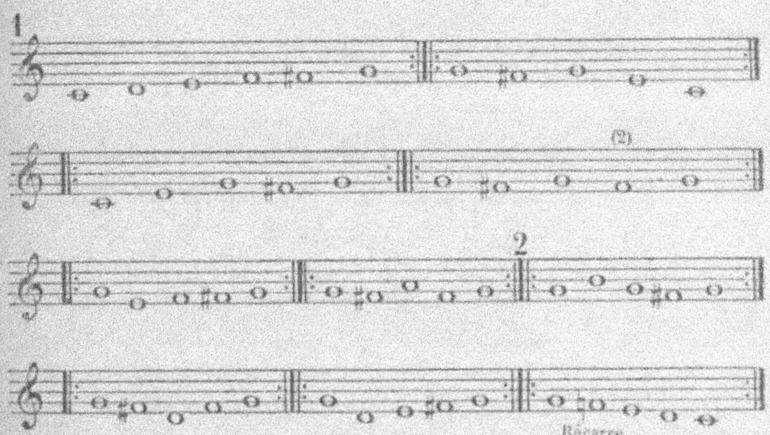

Observation: Le bécarre (♮) en détruisant l'effet du dièse (♯) ou du bémol (♭) rend à la note son intonation primitive.

Exercices mesurés avec le Fa dièse (Fa ♯).

(1) Le demi-ton chromatique est celui qui a lieu entre deux notes de même nom, mais n'ayant plus le même son.

(2) L'altération produit son effet sur toutes les notes de même nom comprises dans la même mesure ou dans le même groupe.

Exercices d'Intonation avec le Si bémol (Si ♭)

Observation: Le bémol (♭) abaisse le son de la note d'un demi-ton chromatique.

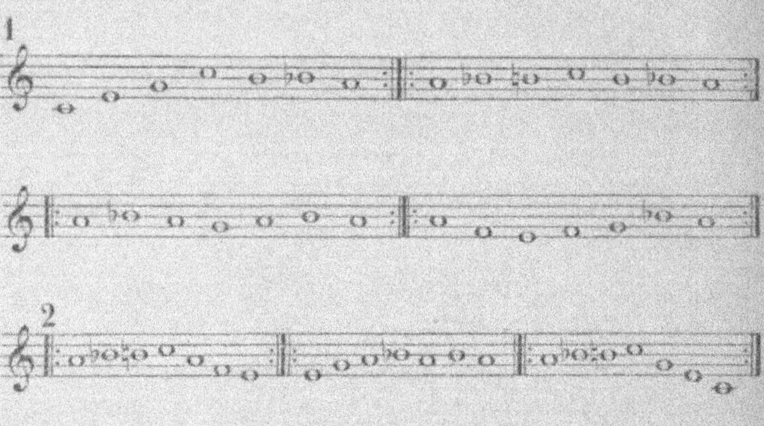

Exercices mesurés avec le Si bémol (Si ♭)

Leçons avec le Fa dièse (Fa ♯) et le Si bémol (Si ♭).

(Lecture rythmique avant le chant.)

(Dictée orale, puis écrite, mesurée, relative à la leçon.)

12e Leçon.

Ton de La mineur; relatif d' Ut majeur.

OBSERVATION: Chaque ton majeur a un ton relatif mineur et réciproquement.

On appelle Tons relatifs, ceux qui ont la même armure à la clef, et sont formés des mêmes éléments, sauf le Septième degré de la gamme mineure qui, pour conserver son caractère de NOTE SENSIBLE, est élevé d'un demi-ton chromatique.

Un ton mineur se trouve toujours à une distance de tierce mineure au-dessous du ton majeur relatif, par conséquent un ton majeur se trouvera toujours à une distance de tierce mineure au-dessus du ton mineur relatif.

Exercices d' Intonation en La mineur.

Gamme de La Mineur

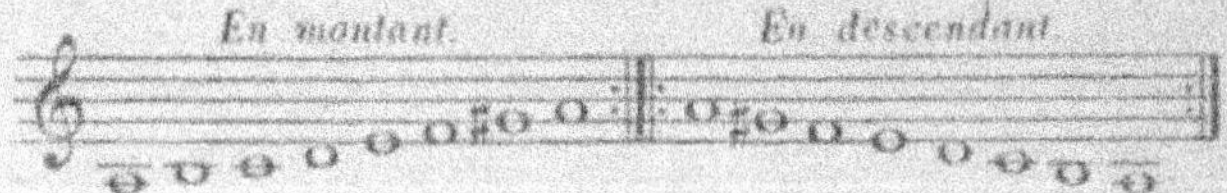

Accord parfait de La Mineur.

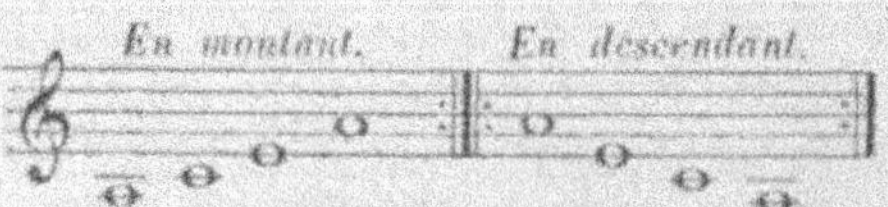

Exercices mesurés et Leçons en La mineur.

(Lecture rythmique avant le chant.)

(Dictée orale, puis écrite, mesurée, relative à la Leçon)

13e Leçon.

Solfèges en Ut majeur et en La mineur (*Tons relatifs*).

en Ut majeur
Nº. 5.
en La mineur
Nº. 6.
en Ut majeur
Nº. 7.

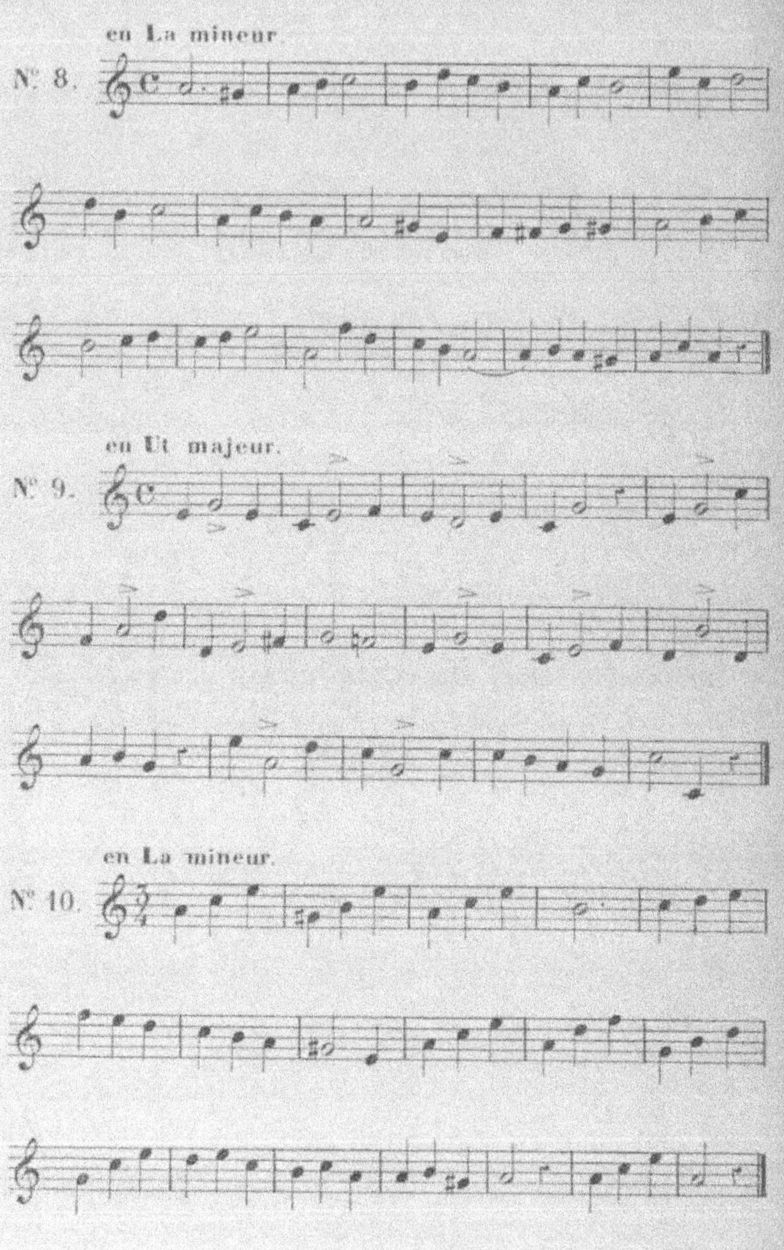

(Dictée orale, puis écrite, mesurée, relative à la Leçon.)

14e Leçon.

Du Mouvement et des Nuances.

Du Mouvement.

Le mouvement est le degré de lenteur ou de vitesse que l'on imprime à l'exécution musicale.

Il y a trois sortes de mouvements: les mouvements lents, les mouvements modérés et les mouvements vifs. Ils s'indiquent par des termes italiens placés au commencement des morceaux.

Les principaux sont les suivants.

Mouvements lents.	**Largo**	*qui veut dire*	Large.
	Lento	»	Lent.
	Adagio.	»	Posément.
Mouvements modérés.	**Moderato.**	»	Modéré.
	Andante.	»	En allant.
	Andantino.	»	Diminutif d'Andante.
Mouvements vifs.	**Allegro.**	»	Vif.
	Presto.	»	Pressé.
	Prestissimo.	»	Très pressé.

etc. etc.

D'autres qui concernent plus particulièrement le caractère ou l'expression des morceaux à exécuter.

Nous en désignons quelques uns.

Larghetto.	*qui veut dire*	Diminutif de large.
Maestoso.	»	Majestueux.
Sostenuto.	»	Soutenu.
Grazioso.	»	Gracieux.
Con espression.	»	Avec expression.
Allegretto.	»	diminutif d'Allegro.
Vivace.	»	Vif.

etc. etc. etc.

Puis viennent les adverbes **Poco.** (peu)

Più. (plus)

Non troppo. (pas trop)

Molto. (beaucoup)

etc. etc. etc.

qui, ajoutés aux termes précédents, peuvent encore donner au mouvement de nouvelles modifications.

Le **Métronome** est un instrument qui sert à indiquer les divers mouvements.

Le mouvement peut parfois être altéré, soit en l'animant, soit en le ralentissant, soit en le suspendant.

Les principales expressions employées à cet effet sont les suivantes:

Animato.	*qui veut dire*	Animé
Più mosso.	"	Avec plus de mouvement
Accelerando.	"	En accélérant
Rallentando.	"	En ralentissant
Ritenuto.	"	En retenant
Slargando	"	En élargissant
Ad libitum.	"	A volonté.

etc. etc. etc.

Beaucoup de ces termes et expressions sont écrits en abrégé.

Les expressions employées pour rendre au mouvement sa marche régulière sont les suivantes

A Tempo	*qui veut dire*	En mesure.
1º Tempo	"	1er Mouvement

Le **Point d'orgue** 𝄐 est un signe qui, placé au-dessus ou au-dessous d'une note, prolonge la durée de celle-ci d'une façon indéterminée.

Le mouvement est par conséquent momentanément suspendu.

Le Point d'Arrêt est le même signe et produit le même effet que le point d'orgue, mais a lieu sur les silences.

Des Nuances.

On entend par nuances, le degré d'Intensité que l'on doit apporter à l'émission des sons.

Les principaux termes italiens employés pour les indiquer sont:

Pianissimo.	par abréviation	***pp***	*qui veut dire*	Très faible.
Piano.	»	***p***	»	Faible.
Dolce.			»	Doux.
Mezza-voce.			»	A demi-voix.
Mezzo-piano.	»	***mp***	»	Moitié faible.
Mezzo-forte.	»	***mf***	»	Demi-fort.
Forte.	»	***f***	»	Fort.
Fortissimo.	»	***ff***	»	Très fort.
Crescendo.	»	*cresc.*	»	En augmentant.
Diminuendo.	»	*dim.*	»	En diminuant.
Smorzando.	»	*smorz.*	»	En éteignant le son.

Le signe. < indique aussi le crescendo.

» > » le diminuendo.

» < > » la succession des deux nuances précédentes.

Le maître s'attachera à ce que les élèves comprennent bien l'importance de l'application de tous ces termes à l'exécution musicale.

Sans les nuances, l'expression et la vie disparaissent d'un morceau de musique et celui-ci ne ressemble plus qu'à un tableau peint d'une seule couleur.

15e Leçon.

Ton de Sol majeur.

Fa dièse (Fa♯) à la clef.

Observation. Pour connaître la tonalité lorsqu'il y a un ou plusieurs dièses à la clef, il faut prendre comme tonique majeure la note placée un demi-ton diatonique au-dessus du dernier dièse.

Gamme de Sol majeur.

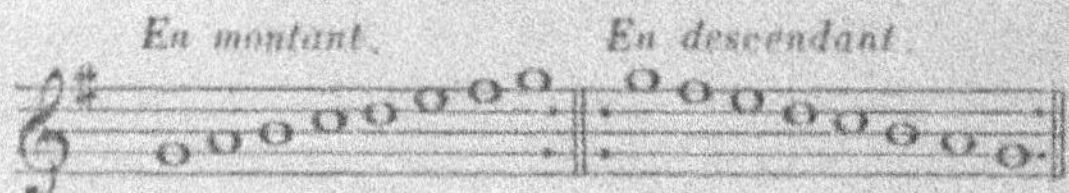

Observation. Toutes les gammes majeures se chantent sur le même air que la gamme d'Ut ou Do majeur.

Accord parfait de Sol majeur.

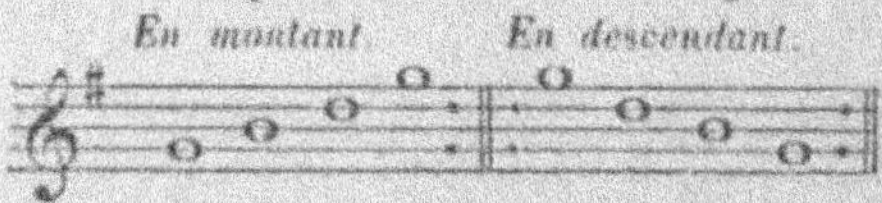

Nota. A partir de cette leçon, les élèves doivent être assez avancés pour pouvoir chanter les leçons sans autre préparation que la lecture rythmique suivie du prélude de la gamme et de l'accord parfait du ton.

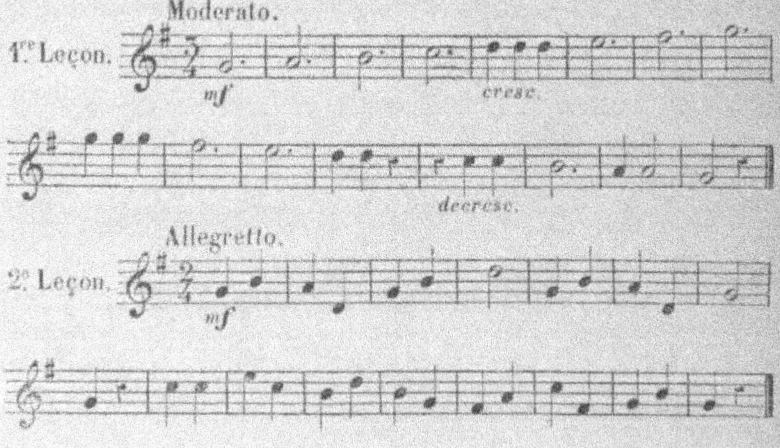

(Dictée orale, puis écrite, mesurée, relative à la leçon.)

16e Leçon.

Étude de l'Ut dièse (Ut ♯) et du Ré dièse (Ré ♯).

Exercices d'Intonation avec l'Ut dièse (Ut ♯) et le Ré dièse (Ré ♯)

Leçons avec l'Ut ♯, le Ré ♯, le Fa ♯, le Sol ♯ et l'Ut bécarre (Ut ♮).

(Lecture rythmique avant le chant.)

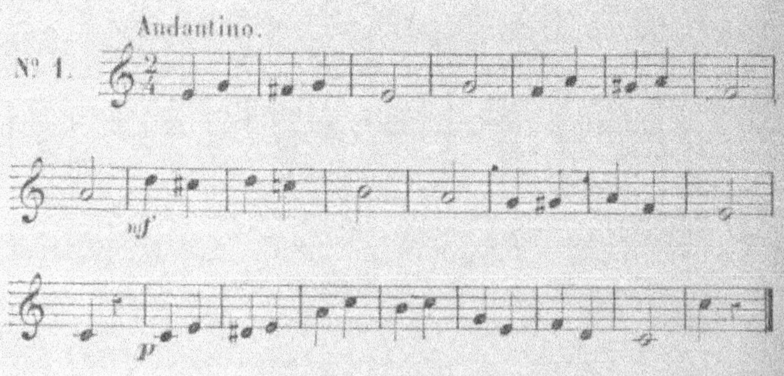

Les altérations précédentes, plus le Si ♭.

le Si bécarre (Si ♮), le Fa ♮, le Sol ♮ et l'Ut ♮.

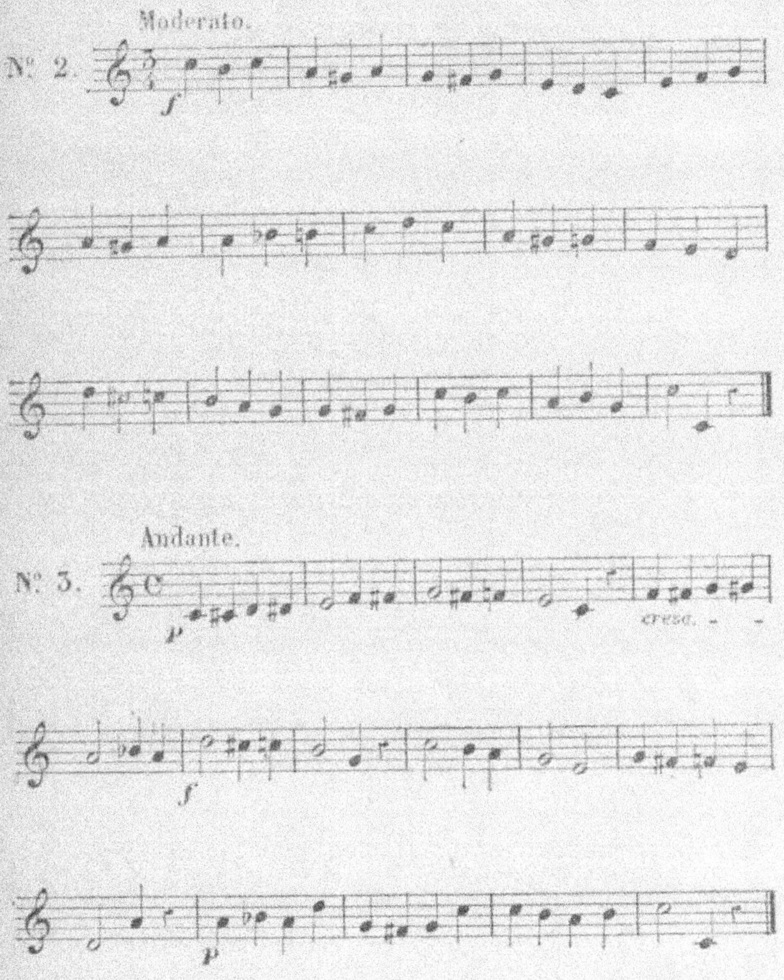

(Dictée orale, puis écrite, mesurée, relative à la leçon.)

17e Leçon.

Ton de Mi mineur, relatif de Sol majeur.

(Fa dièse (Fa♯) à la clef)

Gamme de Mi mineur.

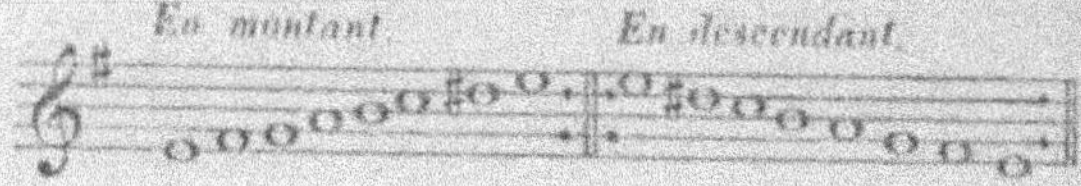

OBSERVATION. Toutes les gammes mineures se chantent sur le même air que la Gamme de La mineur.

Accord parfait de Mi mineur.

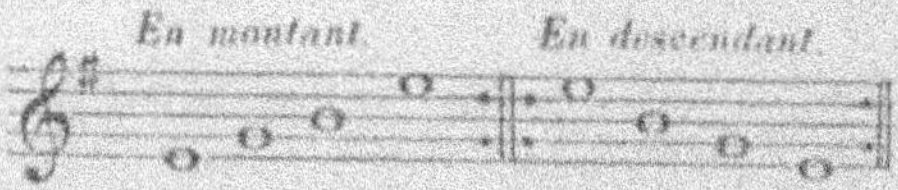

(Lecture rythmique avant le chant.)

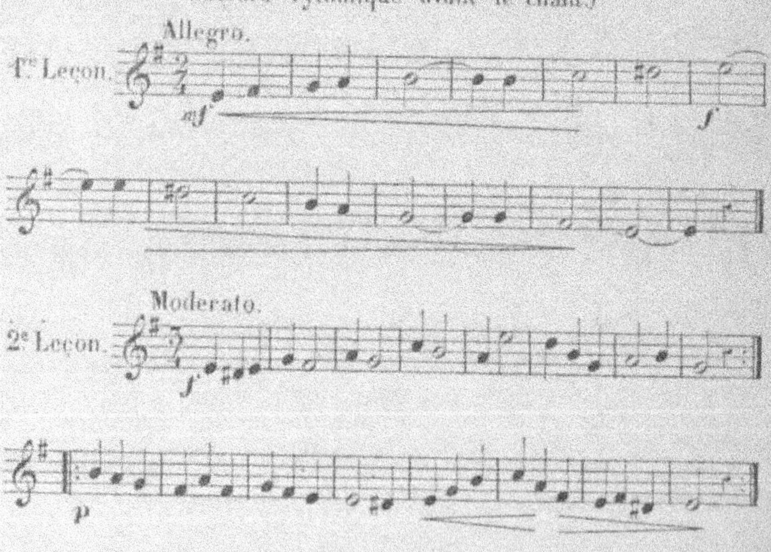

(Dictée orale, puis écrite, mesurée, relative à la leçon.)

---

(1) D. C. Abréviation de Da Capo, terme italien qui veut dire (de la tête), indique qu'il faut reprendre au commencement du morceau pour terminer au mot FIN.

18e Leçon.

Ton de Fa majeur.

(Si bémol (Si♭) à la clef.)

Observation. Pour connaître la tonalité lorsqu'il y a des bémols à la clef, on prend comme tonique majeure l'avant-dernier bémol. Lorsqu'il n'y en a qu'un, on prend une quinte juste au-dessus de la note bémolisée ou une quarte juste au-dessous.

(Dictée orale, puis écrite, mesurée, relative à la leçon.)

(1) Après avoir fait la reprise on passe la mesure surmontée par 1re Fois pour enchaîner à 2e Fois.

19e Leçon.

Ton de Ré mineur, relatif de Fa majeur.

(Si bémol (Si♭) à la clef)

Gamme de Ré mineur

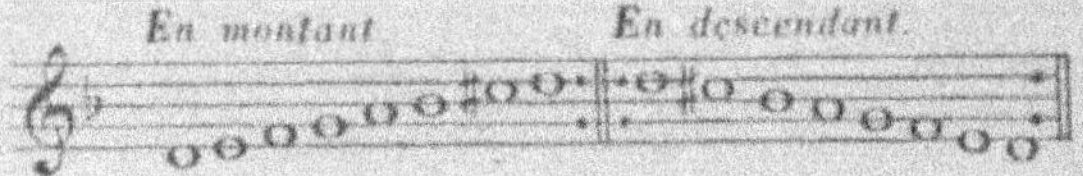

Accord parfait de Ré mineur.

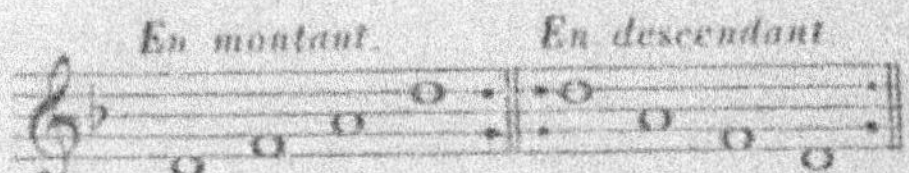

(Lecture rythmique avant le chant.)

(Dictée orale, puis écrite, mesurée, relative à la leçon.)

20e Leçon.

Étude de la croche [1]

OBSERVATION: Nous prions le Maître de ne jamais faire chanter un seul de ces exercices ou leçons avec croches avant d'en exiger la lecture rythmique qui devient ici d'une grande importance.

Exercices et Leçons avec croches dans la mesure à deux temps, $\frac{2}{4}$.

(Lecture rythmique avant le chant.)

(1) NOTA: L'expérience nous a démontré qu'un moyen excellent à employer pour la division binaire des temps est de faire compter à haute voix par les élèves, Un, deux, Un, deux, pour chaque temps de la mesure avant la lecture rythmique d'une leçon.

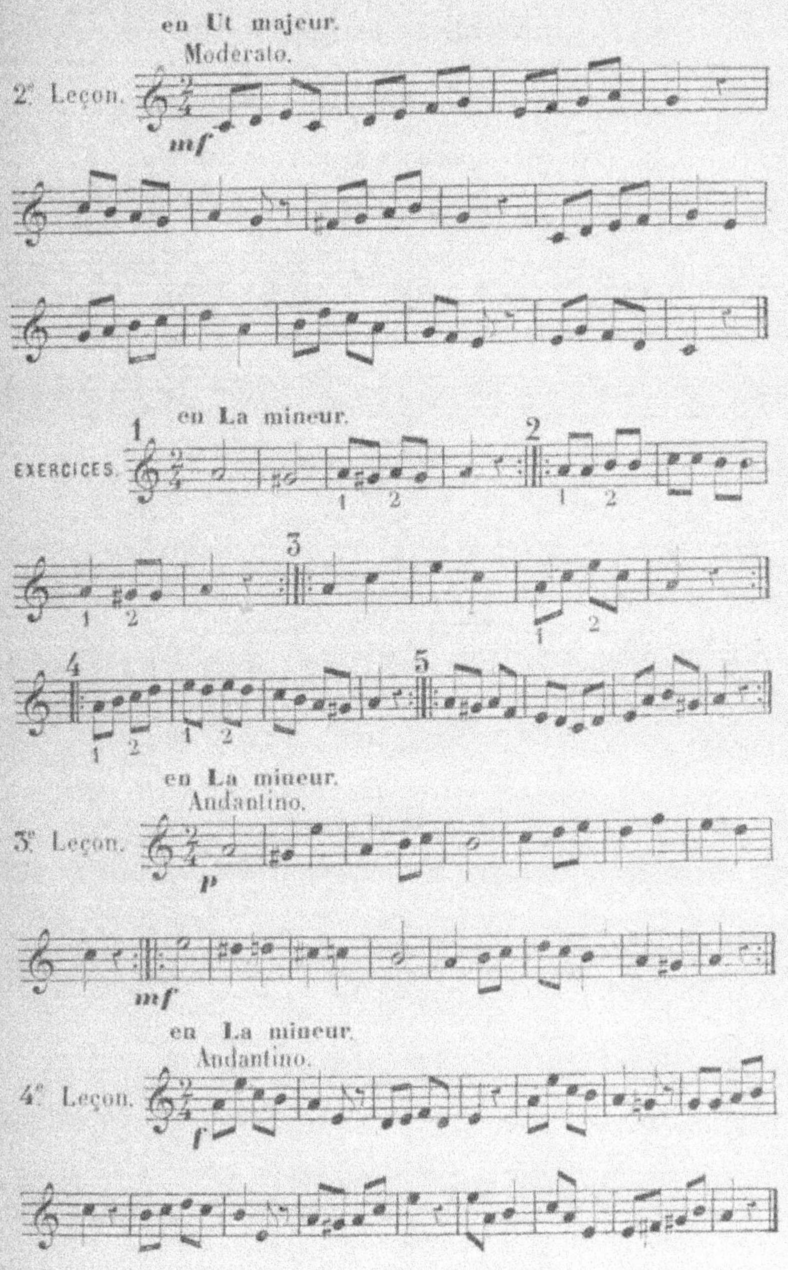
en Ut majeur.
Moderato.
2e Leçon.
mf
en La mineur.
EXERCICES.
1
2
3
4
5
en La mineur.
Andantino.
3e Leçon.
p
mf
en La mineur.
Andantino.
4e Leçon.
f

Exercices et Leçons

avec croches dans la mesure à trois temps, $\frac{3}{4}$.

(Lecture rythmique avant le chant.)

en Ut majeur.
Moderato.
2e. Leçon.
p
en La mineur.
EXERCICES
en La mineur.
Andantino.
3e. Leçon.
Dolce.
en La mineur.
Allegretto.
4e. Leçon.
mf

Exercices et Leçons

avec croches dans la mesure à quatre temps, $\frac{4}{4}$ ou C.

(Lecture rythmique avant le chant.)

(Dictée orale, puis écrite, mesurée, relative à la leçon.)

21e Leçon.

Étude de la noire pointée avec croche.

Exercice rythmique à deux temps, $\frac{2}{4}$.

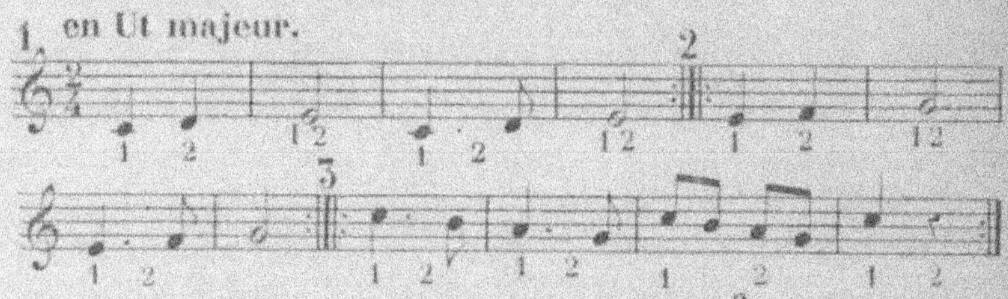

Exercice rythmique à trois temps, $\frac{3}{4}$.

Exercice rythmique à quatre temps, $\frac{4}{4}$ ou C.

Leçons pour la noire pointée avec croche

en Ut majeur Moderato

1re Leçon

(Dictée orale, puis écrite, mesurée, relative à la leçon.)

22e Leçon.

Solfèges avec croches et noires pointées et croches formant le résumé des 20e et 21e Leçons.

(Lecture rythmique avant le chant.)

en La mineur.
Moderato
3e Leçon.
mf
en La mineur.
Lento
4e Leçon.
p
en Sol majeur.
Allegro
5e Leçon.
f
p
cresc.
f
p

en Sol majeur.
Moderato.
6e. Leçon.
p
p
en Mi mineur
Andante.
7e. Leçon.
mf
en Mi mineur.
Moderato.
8e. Leçon.
p
mf
p

(Dictée orale, puis écrite, mesurée, relative à la leçon.)

23e Leçon.

Étude de la mesure à C barré (₵) ou deux-deux $\left(\frac{2}{2}\right)$.

OBSERVATION: La mesure à ₵, ou $\frac{2}{2}$ se bat à deux temps. Chaque temps de cette mesure est représenté par une blanche ou une somme de valeurs équivalant à une blanche.

Exercices et leçons sur la mesure à ₵ ou $\frac{2}{2}$.

(Lecture rythmique avant le chant.)

(1) Pavane, ancienne danse grave.

OBSERVATION: Toutes les leçons à ₵ peuvent également se chanter à $\frac{4}{4}$.

(Dictée orale, puis écrite, mesurée, relative à la leçon)

L'ART DE CHANTER EN CHŒUR

Premières notions.

24e Leçon.

Étude des intervalles harmoniques (1) pour habituer les élèves à chanter en chœur.

Intervalles consonants ou consonances.

Observation. Les intervalles consonants ou consonances, sont : la Tierce mineure, la Tierce majeure, la Sixte mineure, la Sixte majeure, la Quarte juste, la Quarte augmentée (2), la Quinte diminuée (3), la Quinte juste, et l'Octave juste. Tous les autres intervalles forment des dissonances.

Les intervalles consonants se divisent en consonances parfaites, imparfaites, mixtes et attractives.

Nota. Avant d'aborder les exercices en parties, le Maître s'assurera par un examen individuel de la qualité et de l'étendue de la voix de chaque élève. Le Maître apportera dans le classement des voix le plus grand soin, afin d'éviter toute fatigue ou effort nuisible.

Dans un chœur de jeunes garçons les voix muant et les grosses voix devront être exclues.

Exercices et Leçons à deux voix sur les consonances parfaites.

(Octave juste et Quinte juste)

(1) Deux notes entendues à la fois forment un intervalle harmonique.

(2) Un intervalle augmenté est toujours plus grand d'un demi-ton chromatique que le même intervalle majeur ou juste.

(3) Un intervalle diminué est toujours plus petit d'un demi-ton chromatique que le même intervalle mineur ou juste.

2
1re VOIX.
2de VOIX.
Quinte juste.
Quinte juste.
Quinte juste.
Quinte juste.
Quinte juste.
Quinte juste.
3
Quinte juste.
Quinte juste.
Quinte juste.
Quinte juste.
Quinte juste.
Andante.
1re VOIX.
Leçon.
2de VOIX.
mf
5te juste.
8e juste.
5e juste.
8e juste.
5e juste.
8e juste.
8e juste.
5e juste.
5e juste.
8e juste.
5e juste.
5e juste.
8e juste.

23e Leçon.

Exercices et Leçons à deux voix sur les consonances imparfaites.

(Tierces majeures et mineures, Sixtes majeures et mineures.)

EXERCICES: **1 Tierces majeures et mineures.**

1re VOIX.

2de VOIX.

Tierce maj. — Tierce min. — Tierce min.

Tierce maj. — Tierce maj. — Tierce min. — Tierce min. — Tierce maj.

2

3e maj. — 3e min. — 3e min. — 3e maj. — 3e maj.

3e min. — 3e min. — 3e maj. — 3e min. — Unisson

Leçon sur les Tierces majeures et mineures.
Allegretto.
1re VOIX.
2de VOIX.
p
EXERCICES. 1 Sixtes majeures et mineures.
1re VOIX.
2de VOIX.
Sixte maj.
Sixte maj.
Sixte min.
2
Sixte maj.
Sixte min.
Sixte maj.
8e juste.
Leçon sur les Sixtes majeures et mineures.
Allegretto.
1re VOIX.
2de VOIX.
mf

Leçons sur les Tierces et les Sixtes majeures et mineures.

Leçon résumant les consonances parfaites et imparfaites.

26e Leçon.

Exercices et Leçons à deux voix sur les consonances attractives.

(Quarte augmentée et quinte diminuée.)

OBSERVATION. Les consonances attractives sont des intervalles harmoniques formés par des notes à mouvement obligé, soit en montant soit en descendant.

27e Leçon.

Étude des Intervalles dissonants ou dissonances.

(Secondes et Septièmes majeures et mineures.)

Leçon pour les dissonances de secondes et septièmes majeures et mineures.

Leçons sur les consonances et les dissonances.

en Ut majeur.
Andte sostenuto.

en Sol majeur.
moderato.

p
p
p
p

28e Leçon.

Solfèges à deux voix résumant les études de cette première partie.

(Lecture rythmique avant le chant.)

en La mineur.
Moderato.
1re VOIX.
3o
2de VOIX.
p
en La mineur.
Moderato.
1re VOIX.
4o
2de VOIX.
f
mf
cresc.
dim.

en Sol majeur.
Andantino.
1re VOIX.
5o
2de VOIX.
mf
mf
mf
mf
en Sol majeur.
Allegro.
1re VOIX.
6o
2de VOIX.
f
f
p
p

en Mi mineur.

Allegro.
1re VOIX.
7o
mf
2de VOIX
p
en Mi mineur.
Allegro.
1re VOIX.
8o
mf
2de VOIX.
mf

en Fa majeur.
Moderato.
1re VOIX.
9º
2de VOIX.
f
en Fa majeur.
Andantino.
1re VOIX.
10º
2de VOIX.
mf
p
p
p
cresc. poco a poco.
f

(Dorénavant, dictées écrites, mesurées, progressives.)

Petits chants à une ou à deux voix.

LE PRINTEMPS

(à une voix)

Paroles de ☆☆☆ — Musique de HENRY HAECK.

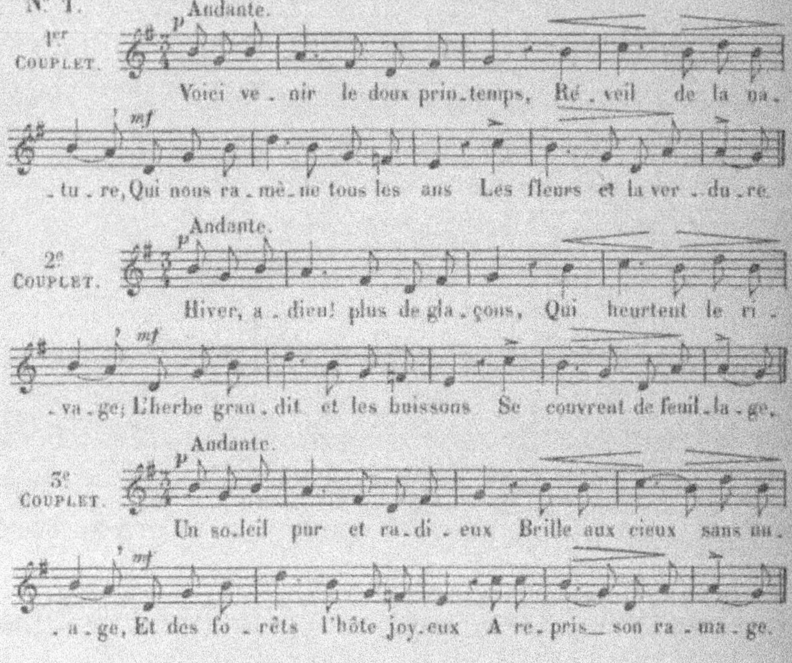

LE BATAILLON SCOLAIRE

(à une voix)

Paroles de EUGÈNE AUDOUSSET,
Directeur d'école communale.

Musique de HENRY HAECK.

N° 2. Mouvt de marche.

1er COUPLET.

Tambours, clai _ rons marquant le pas En A _ vant! ba_taillon sco _ lai _ re! Le pa _ ys compte sur vos bras, Chers en _ fants, à l'â _ me guer _ riè _ re.

2

Devenez tous forts et vaillants
Pour aimer et servir la France;
Soyez fiers d'être ses enfants,
Son orgueil et son Espérance!

3

Souvenez-vous des fiers aïeux;
Les vainqueurs de l'Europe entière.
Chers enfants! faites encor mieux!
Reprenez la vieille frontière!

LA POULE ET SES POUSSINS

(à une voix)

Paroles d'après TOURNIER. Musique de HENRY HAECK.

2

Souvent elle fait entendre
Un appel, qui, redoublé;
Semble dire: qui veut prendre
Ce grain de mil ou de blé?

4

Enfin, la paix achevée,
Sur le sable, en plein soleil,
La couveuse et la couvée
Se disposent au sommeil.

3

Aussitôt on court, on lutte,
Et passant sur son voisin,
Plus d'un fait alors culbute
Ou reste à moitié chemin.

5

Alors la poule enfle l'aile,
Rassemblant tous ses petits;
Bientôt les voilà sous elle,
L'un près de l'autre blottis.

LA ROSE

(à une voix)

Paroles de ALBERT MONTEMONT. Musique de HENRY HAECK.

Nº 4.

mf Moderato.

Du doux prin_temps ai _ ma _ ble fleur, Que tu me

con dolore

plais Ro_se ché _ ri _ e! Mais, hé_las! à pei_ne fleu_ri _ e,

p

Tu perds la bril _ lan_te cou_leur. Tou_te_fois, quand le

rall. *avec âme* a Tempo

sort fu _ nes _ te A dé_ci _ dé ta tris_te fin. *f* Au lieu de

rit.

ton é _ clat di_vin, De toi quelque parfum nous res _ te

O MON PAYS

(à deux voix)

Paroles de A. VINET. Musique de HENRY HAECK.

Nº 5

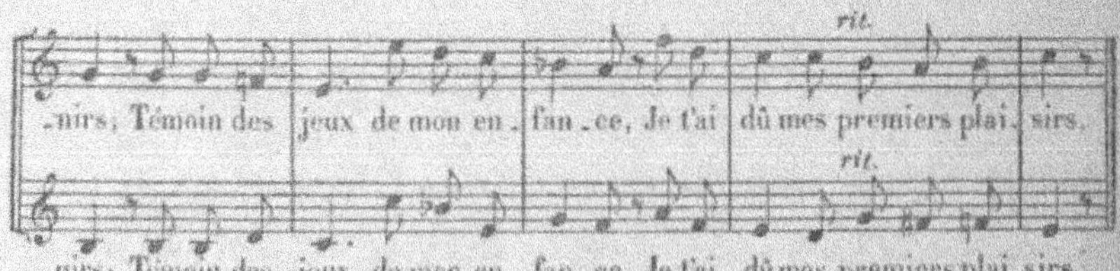

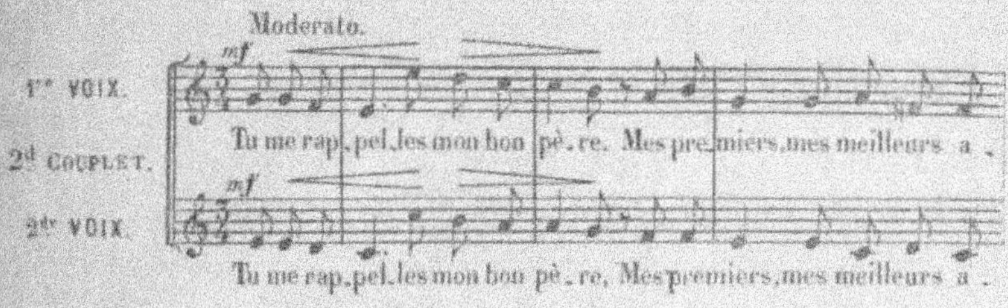

LE PAPILLON

(à deux voix)

Paroles de L. Musique de HENRY HAECK.

N° 6.

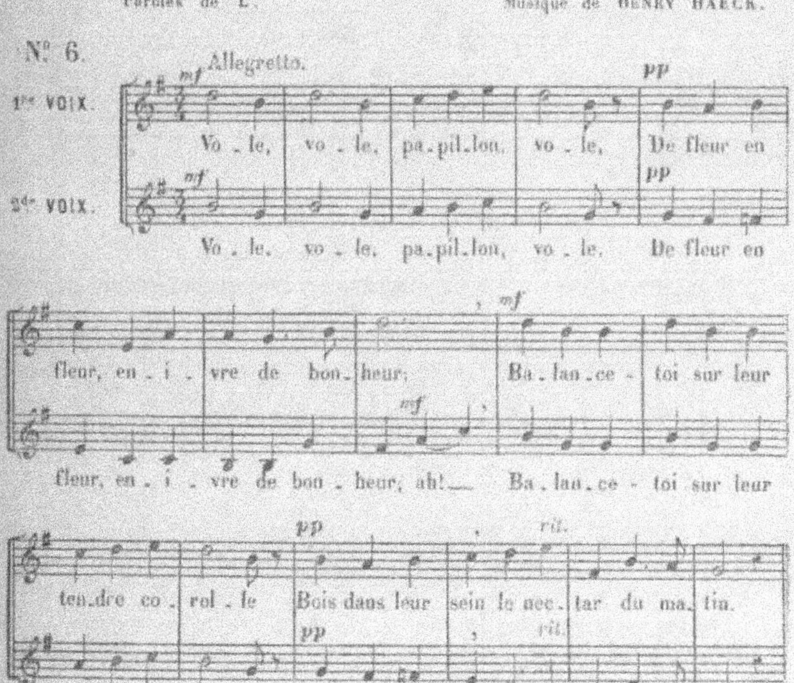

mf
Des doux zé_phyrs par_
mf
Va dans les airs sur ton ai_le fri_vo_le,
_ger les plai_sirs. sur ton ai_le fri_vo_le
Va dans les airs, Va dans les airs,
cresc.
Des doux zé_phyrs parta_ger les plai_sirs. Ah! Vo_le,
cresc.
Des doux zé _ phyrs parta_ger les plai_sirs. Doux zéph
rall. mf
vo_le, ah! Vo_le vo_le, pa_pil_lon, vo_
rall. mf
doux zéphyrs, ah! Vo_le vo_le, pa_pil_lon, vo_
pp mf
Laisse aux hu_mains leurs sou_cis, leurs cha_grins. Vo_le,
pp mf
Laisse aux hu_mains leurs sou_cis, leurs cha_grins. ah! Vo_le,
pp rit.
pa_pil_lon vo_le, De fleur en fleur va jou_ir du bon_heu
pp rit.
pa_pil_lon vo_le, De fleur en fleur va jou_ir du bon_heu

www.ingramcontent.com/pod-product-compliance
Ingram Content Group UK Ltd.
Pitfield, Milton Keynes, MK11 3LW, UK
UKHW021600260726
13993UKWH00002B/966